SOMMAIRE
LA RÉVOLUTION FRANÇAISE

p. 2	Le roi et Versailles
p. 3	Les trois ordres
p. 4	Le serment du Jeu de paume
p. 5	La prise de la Bastille
p. 6	La Grande peur et la nuit du 4 août
p. 7	La Déclaration des droits de l'homme et du citoyen
p. 8	La fête de la Fédération
p. 9	L'opposition du roi
p. 10	La terrible année 1792
p. 11 à 14	Le Quiz des Incollables
p. 15	La mort de Louis XVI
p. 16	La contre-révolution
p. 17	La Terreur
p. 18	Le Directoire
p. 19	La France à la conquête de l'Europe
p. 20	Bonaparte
p. 21	Les grandes dates de la Révolution
p. 22	L'héritage de la Révolution

Nous remercions le journal Mon Quotidien, un journal quotidien d'actualité pour les enfants, qui publie chaque jour une infographie destinée aux 10-14 ans.

ISBN : 2-84203-652-2. Loi n°49956 du 16 juillet 1949 sur les publications destinées à la jeunesse. Dépôt légal : septembre 2004. Imprimé chez SYL (Espagne).

Toute représentation ou reproduction intégrale ou partielle faite sans le consentement de l'auteur ou de ses ayants cause est illicite (Article L 122-4 du Code de la propriété intellectuelle). Cette représentation ou reproduction, par quelque procédé que ce soit, constituerait une contrefaçon sanctionnée par les articles L 335-2 et suivants du Code de la propriété intellectuelle.

À retenir

1 Avant la Révolution, la France est une monarchie absolue, c'est-à-dire que le roi a tous les pouvoirs.

2 Il tient ses pouvoirs de Dieu et contrôle le royaume grâce à une administration puissante.

3 Depuis 1774, le roi de France est Louis XVI. Il a succédé à Louis XV, son grand-père.

4 Le roi gouverne la France depuis le palais de Versailles, à côté de Paris.

5 Mais Louis XVI n'est pas intéressé par son métier de roi et laisse gouverner ses ministres.

Le roi et Versailles

Le manteau d'hermine et de velours avec des **fleurs de lys dorées** (symbole de la monarchie française).

L'alliance, à la **main droite**, car on considère que le roi est « **marié** » avec son royaume.

Le collier de l'ordre de Saint Louis.

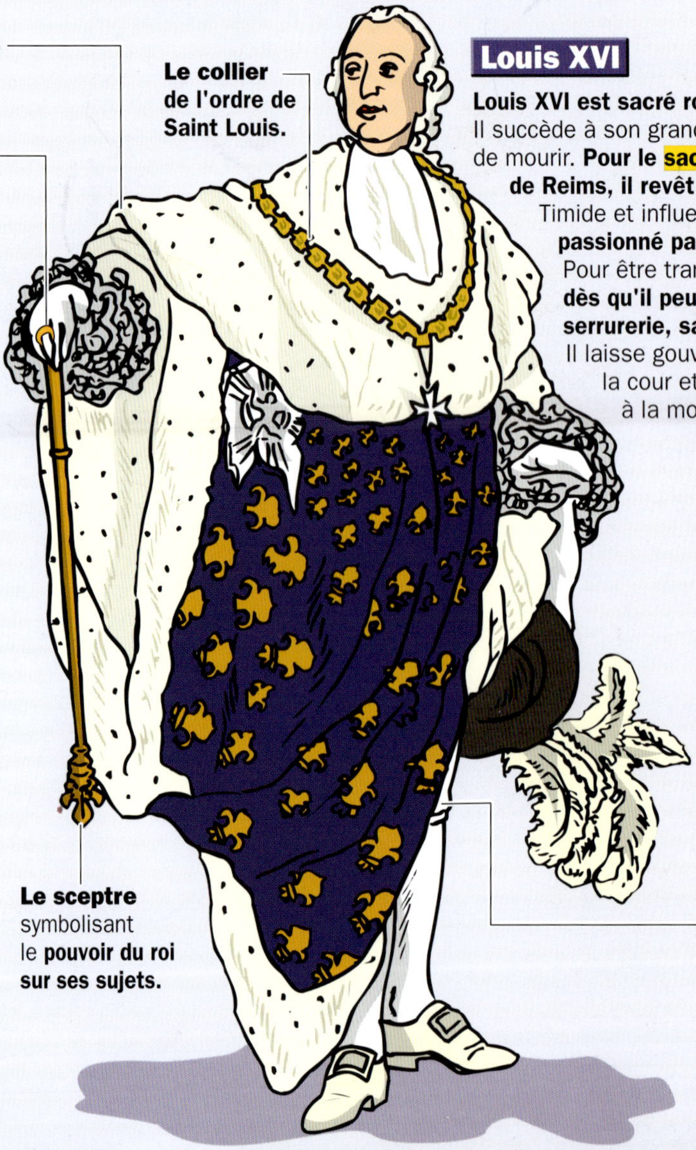

Louis XVI

Louis XVI est sacré roi en 1774 à 20 ans. Il succède à son grand-père Louis XV qui vient de mourir. Pour le sacre, dans la cathédrale de Reims, il revêt un costume particulier. Timide et influençable, il n'est **pas passionné par son métier de roi**. Pour être tranquille, **il se réfugie dès qu'il peut dans son atelier de serrurerie, sa vraie passion**. Il laisse gouverner les nobles de la cour et change les ministres à la moindre situation difficile.

Le système monarchique

Depuis Louis XIII, la **France est une monarchie absolue : le roi a tous les pouvoirs sur ses sujets, pouvoirs qu'il tient de Dieu.** En réalité, de nombreuses traditions et la taille du royaume limitent sa puissance.

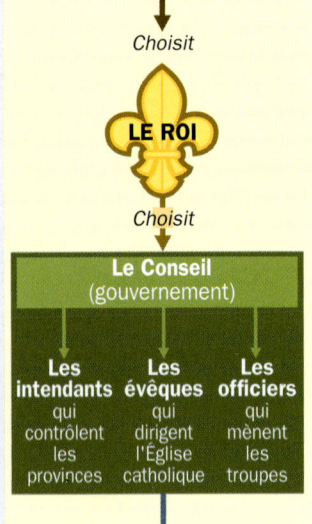

Le sceptre symbolisant le **pouvoir du roi sur ses sujets.**

L'habit blanc, aux couleurs de la royauté française.

La cour

Depuis Louis XIV, **la capitale de la France n'est plus Paris mais Versailles** où le roi peut gouverner depuis son immense palais et loin des Parisiens. En s'entourant **de nobles à la cour**, le roi peut facilement **les surveiller et les contrôler.**

Le Trianon Petit palais à Versailles.

Hermine : animal à la peau blanche tachetée de noir.
Sacre : cérémonie religieuse pendant laquelle le roi reçoit sa couronne.
Sujet : personne qui est soumise au roi et doit lui obéir.
Cour : nobles qui vivent près du roi.

À retenir

1 En 1788, l'État n'a plus assez d'argent et les récoltes sont mauvaises. Pour résoudre ce problème, Louis XVI décide de convoquer les états généraux qui s'ouvrent le 5 mai 1789 à Versailles.

2 Les Français y sont représentés en trois ordres. Le clergé (premier ordre) représente l'Église catholique.

3 Les nobles (deuxième ordre) veulent conserver leurs privilèges.

4 Le tiers état (troisième ordre) représente tous les Français des villes et des campagnes et veut changer la société.

Les trois ordres

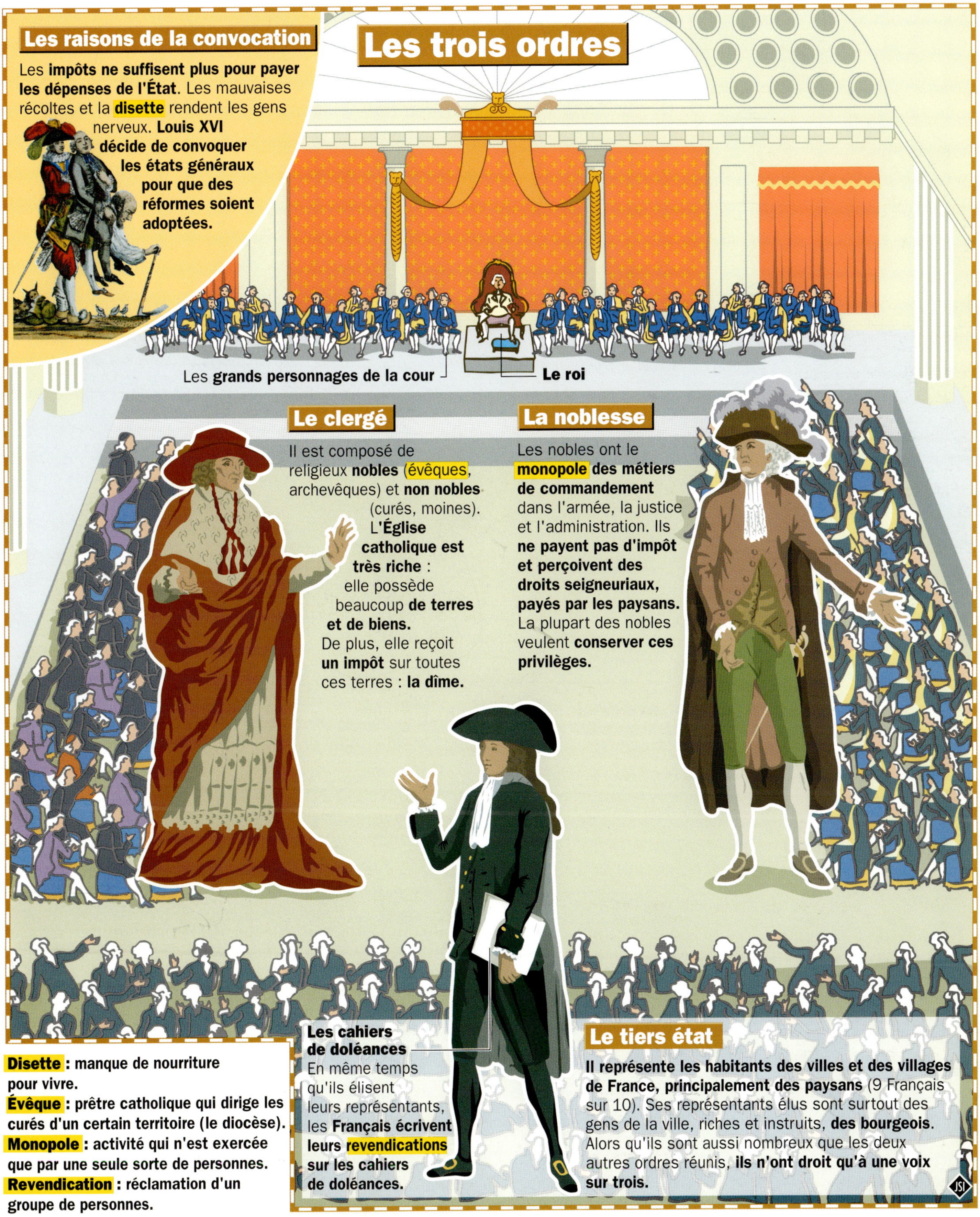

Les raisons de la convocation

Les **impôts ne suffisent plus pour payer les dépenses de l'État**. Les mauvaises récoltes et la **disette** rendent les gens nerveux. **Louis XVI décide de convoquer les états généraux** pour que des réformes soient adoptées.

Les **grands personnages de la cour** — **Le roi**

Le clergé

Il est composé de religieux **nobles** (**évêques**, archevêques) et **non nobles** (curés, moines). **L'Église catholique est très riche** : elle possède beaucoup **de terres et de biens**. De plus, elle reçoit **un impôt** sur toutes ces terres : **la dîme**.

La noblesse

Les nobles ont le **monopole** des métiers de commandement dans l'armée, la justice et l'administration. Ils **ne payent pas d'impôt et perçoivent des droits seigneuriaux**, payés par les paysans. La plupart des nobles veulent **conserver ces privilèges**.

Les cahiers de doléances

En même temps qu'ils élisent leurs représentants, les **Français écrivent leurs revendications sur les cahiers de doléances**.

Le tiers état

Il représente les habitants des villes et des villages de France, principalement des paysans (9 Français sur 10). Ses représentants élus sont surtout des gens de la ville, riches et instruits, **des bourgeois**. Alors qu'ils sont aussi nombreux que les deux autres ordres réunis, **ils n'ont droit qu'à une voix sur trois**.

Disette : manque de nourriture pour vivre.
Évêque : prêtre catholique qui dirige les curés d'un certain territoire (le diocèse).
Monopole : activité qui n'est exercée que par une seule sorte de personnes.
Revendication : réclamation d'un groupe de personnes.

À retenir

❶ Le roi refuse toute réforme et s'oppose à ce que les députés des trois ordres siègent ensemble.

❷ Les députés du tiers état se réunissent alors dans la salle du Jeu de paume et prennent le nom d'Assemblée nationale.

❸ Le 20 juin, ils jurent de donner une Constitution à la France.

❹ Le 23 juin, Mirabeau tient tête au représentant du roi, qui veut dissoudre l'Assemblée, considérée comme illégale.

Le serment du Jeu de paume

Pour les états généraux, les députés des trois ordres devaient se réunir séparément. Les députés du tiers état se rassemblent dans la salle du Jeu de paume et se proclament Assemblée nationale le 17 juin.
Le 20 juin, ils font le serment de ne pas se séparer avant d'avoir donné une Constitution à la France.

Le marquis de Dreux-Brézé est envoyé le 23 juin par le roi pour répéter une nouvelle fois aux députés que **leurs décisions sont illégales** et qu'ils doivent se réunir par ordre. Sinon, l'Assemblée sera dissoute.

Mirabeau monte à la tribune et tient tête au représentant du roi en prononçant la **célèbre phrase** : « Nous sommes ici par la volonté du peuple, et nous ne quitterons nos places que par la force des baïonnettes ».

Sieyès est un abbé élu député. Il est **connu pour son pamphlet** qui défendait le tiers état.

Bailly est un député du Dauphiné qui dirige l'Assemblée nationale. Il vient de répondre au marquis de Dreux-Brézé que la « Nation assemblée ne peut recevoir d'ordre ».

Un **moine**, député du clergé. La majorité des **députés du clergé** et une partie des députés de la noblesse vont rapidement **rejoindre l'Assemblée nationale**.

Jeu de paume : jeu ressemblant au tennis, qui était pratiqué dans la salle où se sont réunis les députés.
Serment : promesse.
Constitution : texte qui fixe les grandes lignes du système politique d'un pays.
Illégal : interdit par la loi.
Baïonnette : pique qui se fixe au bout du fusil.
Pamphlet : texte qui attaque avec violence le gouvernement.

Mirabeau

Honoré Gabriel de Mirabeau est un **noble provençal** qui s'est fait élire **député du tiers état**. C'est un des chefs de l'Assemblée nationale mais **après l'été 1789**. Il souhaite que le roi garde des pouvoirs tout en les limitant. Mais il meurt en 1791.

À retenir

1. Même si le roi a accepté que les états généraux se transforment en Assemblée nationale, il amasse des troupes autour de Paris.
2. Les Parisiens ont peur d'être massacrés et se révoltent.
3. Le 14 juillet 1789, après avoir pris des armes, ils attaquent la forteresse de la Bastille qui représente pour eux l'injustice du pouvoir royal.
4. Après des combats meurtriers, la Bastille est prise et son gouverneur est tué.
5. Le roi comprend que les députés ont le peuple derrière eux.

La prise de la Bastille

*Le roi a renvoyé Necker, un ministre très **populaire**, et rassemblé une partie de son armée autour de Paris. Dans les jardins du Palais-Royal, Camille Desmoulins, un journaliste engagé dans la Révolution, demande aux Parisiens de prendre les armes pour se défendre.*

La Bastille est un **petit château** à l'une des portes de Paris. Elle **sert de prison** (elle n'a que 7 prisonniers) et représente l'injustice du pouvoir royal. Elle sera **rasée par les Parisiens après le 14 juillet**.

Les armes ont été prises dans plusieurs casernes de Paris et surtout à l'**arsenal** des Invalides le matin même.

Le drapeau blanc veut dire que **la Bastille a capitulé**. En échange, le gouverneur a demandé que ses **soldats ne soient pas massacrés**.

Les émeutiers sont surtout **des commerçants et des artisans du quartier**. Ils sont aidés par la **milice** bourgeoise de Paris et par des **soldats** qui ont apporté des canons. La bataille fera près d'une centaine de morts.

La surprise du roi

Le **14 juillet**, le roi, isolé à Versailles, écrit dans le carnet qui lui sert d'agenda : «Rien». Pour lui, c'est un jour comme les autres.

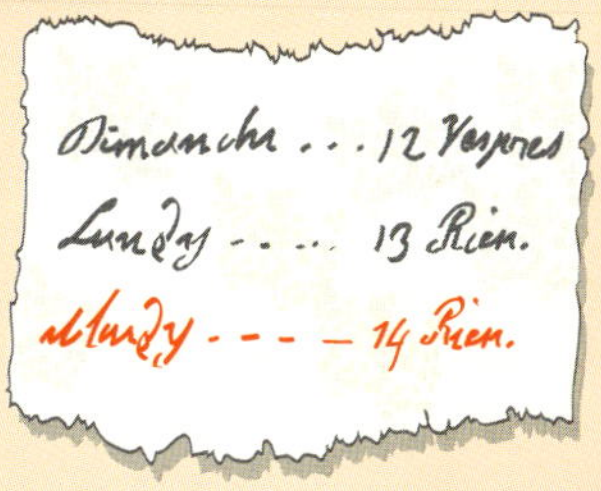

Mais le soir même, le **duc de Liancourt** avertit le roi que les **Parisiens ont pris la Bastille**. Voici leur dialogue :

«Sire, la Bastille est prise...»
«...prise?»
«Oui Sire»
«Mais alors c'est une révolte?...»
«...Non, Sire, c'est une révolution.»

Populaire : aimé par le peuple.
Arsenal : bâtiment où sont stockées les armes.
Capituler : renoncer à se battre et se rendre.
Milice : habitants d'une ville qui sont chargés de faire régner l'ordre.

À retenir

❶ À la fin du mois de juillet, la nouvelle de la prise de la Bastille se répand dans toute la France.

❷ En même temps, la population croit que des brigands payés par les nobles vont venir massacrer les gens.

❸ Cette « Grande peur » pousse les paysans à brûler les châteaux des seigneurs.

❹ Pour les rassurer, les députés abolissent les privilèges et les droits seigneuriaux dans la nuit du 4 août 1789.

❺ C'est la fin de la société de l'Ancien Régime.

La Grande peur et la nuit du 4 août

La nouvelle de la prise de la Bastille se répand dans toute la France. Mais elle est accompagnée de rumeurs : on pense que les nobles, ennemis du changement, ont payé des brigands pour massacrer les gens. C'est la «Grande peur».

4 août 1789

Villes sur la carte : Lille, Rouen, Caen, Estrée, Paris, Romilly St-Florentin, La Ferté, Nantes, Ruffec, Louhans, Lyon, Marseille

- ✹ Départ de la rumeur
- → Courants de la Grande peur
- ▨ Régions non touchées

Dans de nombreux endroits, des paysans attaquent les châteaux pour les brûler et faire disparaître les papiers des impôts qu'ils payent aux seigneurs.

Brigand : personne qui vit de vols.
Abolir : supprimer.
Privilèges : droits ou avantages que possédaient les nobles en raison de leur naissance.
Ancien Régime : organisation politique et sociale de la France du 16ᵉ siècle jusqu'à Louis XVI.
Rumeur : fausse nouvelle qui se répand de bouche à oreille.

L'abolition des privilèges

Dans la **nuit du 4 août**, les députés de l'Assemblée, terrifiés par les nouvelles des révoltes paysannes, **abolissent les privilèges des nobles et du clergé** : tous les Français deviennent égaux avec les mêmes droits et la même loi pour tous.

À retenir

1 Le 26 août 1789, les députés votent la Déclaration des droits de l'homme et du citoyen.

2 C'est un texte très important sur lequel s'appuie toujours notre système politique.

3 Il garantit l'égalité devant la loi et devant l'impôt, les libertés d'expression et d'opinion et la fin de l'arbitraire.

4 La Déclaration est inspirée par la Déclaration des droits anglaise et la Déclaration d'indépendance des États-Unis d'Amérique.

La Déclaration des droits de l'homme et du citoyen

Les députés votent la Déclaration des droits de l'homme et du citoyen qui, après l'abolition des privilèges, précise les droits et les devoirs des Français.

26 août 1789

Égalité des droits
« Les hommes naissent et demeurent libres et égaux en droits. »

Vote de la loi par les représentants du peuple, égalité devant la loi
« La loi est l'expression de la volonté générale, elle doit être la même pour tous. »

Pas d'arrestation arbitraire
« Nul homme ne peut être accusé, arrêté ni détenu que dans les cas déterminés par la loi. »

Liberté de conscience et d'opinion
« Nul ne doit être inquiété pour ses opinions, même religieuses. »

Liberté d'expression
« Tout citoyen peut parler, écrire, imprimer librement. »

Égalité devant l'impôt
« Une contribution commune est indispensable, elle doit être également répartie entre les citoyens. »

Arbitraire : décidé sans se soucier de la loi.
Liberté de conscience : c'est la liberté de penser et de croire ce que l'on veut.
Contribution : argent donné à l'État pour ses dépenses.
Populaire : aimé par beaucoup de gens.

Le modèle américain

Thomas Jefferson

Pour écrire la Déclaration des droits de l'homme, les députés français se sont inspirés de **la Déclaration des droits anglaise de la fin du 17e siècle** et surtout de la **Déclaration d'indépendance des États-Unis d'Amérique rédigée par Thomas Jefferson en 1776.**

La Fayette

Ce militaire noble est très populaire depuis qu'il a participé à la guerre d'indépendance des États-Unis. Il est l'un des députés les plus importants de l'Assemblée.

À retenir

❶ En octobre 1789, des Parisiennes vont chercher le roi à Versailles et le forcent à s'installer à Paris.

❷ À l'automne 1789, les députés suppriment les provinces et les remplacent par 83 départements.

❸ Ces départements décident de s'unir dans une « **fédération** ».

❹ Pour célébrer cette union, une grande fête a lieu à Paris le 14 juillet 1790.

❺ C'est l'origine de la fête nationale du 14 juillet.

La fête de la Fédération

Un arc de triomphe a été construit là où se trouve aujourd'hui la tour Eiffel. Comme les travaux n'avançaient pas, beaucoup de Parisiens sont venus aider les ouvriers sur le **Champ-de-Mars**.

500 000 Français sont venus **de tout le pays** pour célébrer l'anniversaire du 14 juillet 1789. C'est un moment fort de la Révolution, celui où tous **les Français se sentent unis**.

Le roi prête **serment** à la **nation** devant l'**autel** de la patrie. La reine présente le **dauphin** au peuple. En octobre 1789, des Parisiennes ont forcé la famille royale à s'installer à Paris.

Les **délégations** des 83 **départements** viennent prêter **serment** les unes après les autres. La Constitution prévoit que les départements auront beaucoup de pouvoirs.

Les départements remplacent les provinces

Fédération : pays constitué de plusieurs territoires regroupés pour en former un seul (comme en Allemagne).
Serment : promesse.
Autel : table de pierre.
Nation : ensemble de personnes voulant vivre sur le même territoire.
Dauphin : fils aîné du roi de France qui doit régner après lui.
Délégation : personnes envoyées pour représenter un territoire ou une population.

À l'automne 1789, les députés suppriment la trentaine de provinces qui existaient depuis des siècles. À la place, ils créent **83 départements**, presque tous de la même taille, avec des **noms de rivières ou de montagnes**.

À retenir

❶ Comme l'État n'a plus d'argent, les députés décident de **nationaliser** les biens de l'Église catholique et de réorganiser le clergé.

❷ Ils créent une nouvelle monnaie en papier, l'assignat.

❸ Certains prêtres refusent la nouvelle organisation de leur Église.

❹ Le roi essaye de fuir la France mais il est arrêté à Varennes en juin 1791.

❺ Des Parisiens veulent renverser le roi mais les députés ne sont pas d'accord et font tirer sur eux.

L'opposition du roi

Pour procurer de l'argent à l'État, les députés **nationalisent** les biens de l'Église et réorganisent le clergé : les prêtres deviennent des **fonctionnaires** et les moines sont interdits. Le roi, qui soutient les prêtres **réfractaires** dans leurs refus de la réorganisation, tente de fuir à l'étranger le 21 juin 1791.

21 juin 1791

La fuite de Varennes

Le roi refuse la nouvelle organisation de l'Église catholique et la nouvelle Constitution qui va réduire ses pouvoirs. Déguisé en valet, il part dans la nuit du **20 juin**, avec sa **femme** et ses **enfants**. Il veut rejoindre l'**armée des nobles émigrés** en Lorraine et marcher sur Paris.

Le maître de poste Drouet reconnaît le roi en regardant une **pièce d'argent** sur laquelle il y a son portrait. Il retient aussitôt le carosse, qui sera **ramené à Paris escorté de soldats**.

Les conséquences

Beaucoup de Français se sentent **trahis par Louis XVI** et veulent qu'il y ait une république, surtout à Paris. **Le 17 juillet 1791, les gardes nationaux tirent sur une manifestation** républicaine au **Champ-de-Mars**.

La Fayette fait tirer sur les manifestants

Nationalisation : quand un bien devient la propriété de l'État.
Fonctionnaire : personne qui est payée par l'État.
Réfractaire : qui refuse de prêter serment.
Émigrés : nom donné aux Français (surtout des nobles) qui quittent la France dès 1789 car ils s'opposent à la Révolution.

À retenir

❶ Le 20 avril 1792, les députés déclarent la guerre à l'Autriche.

❷ Mais l'armée française subit des défaites et la France est envahie par l'est.

❸ Les Parisiens attaquent le palais des Tuileries et mettent fin à la royauté le 10 août 1792.

❹ À Valmy, l'armée des **volontaires** remporte sa première victoire.

❺ Le lendemain, le 21 septembre 1792, les députés de la **Convention** proclament la République : la royauté est abolie.

La terrible année 1792

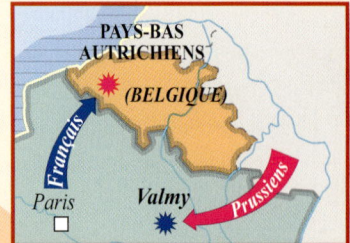

20 avril 1792 — La France en guerre

L'Assemblée législative qui vient d'être élue **manque d'expérience**. Le 20 avril 1792, elle n'hésite pas à **déclarer la guerre à l'empereur d'Autriche**, parce qu'il soutient les **émigrés**. **L'armée française est battue en Belgique**. À partir de juillet, l'armée du roi de Prusse, allié de l'Autriche, commandée par **le duc de Brunswick, envahit la France** par la Lorraine.

20 juin 1792 — La première invasion des Tuileries

Les Parisiens entrent dans le palais des Tuileries. Ils **forcent le roi à se coiffer d'un bonnet phrygien et à boire « à la santé du peuple »**.

10 août 1792 — La prise des Tuileries

Excités par les menaces de Brunswick, qui a promis de les massacrer s'ils touchent au roi, **les Parisiens attaquent de nouveau les Tuileries le 10 août. Le roi est arrêté ainsi que sa famille.**

2-6 sept. 1792 — Les massacres dans les prisons

L'armée ennemie approche de Paris. **Affolés, les Parisiens entrent dans les prisons et tuent un millier de prisonniers** (surtout des prêtres réfractaires).

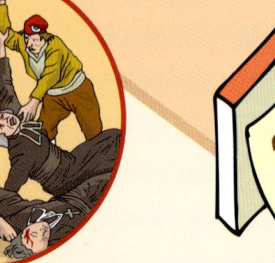

Le palais des Tuileries où vivaient le roi et sa famille depuis octobre 1789.

20 sept. 1792 — La bataille de Valmy

Le 20 septembre, une armée de **volontaires** commandée par le **général Dumouriez** stoppe l'armée prussienne à Valmy. C'est la première victoire française de la guerre.

21 sept. 1792 — La proclamation de la République

Le lendemain, à Paris, **les députés de la Convention proclament la République.**

Convention : nouvelle Assemblée élue par les citoyens masculins.
Volontaire : personne qui vient librement s'engager dans l'armée.
Émigrés : nom donné aux Français (surtout des nobles) qui quittent la France car ils s'opposent à la Révolution.
Prusse : le plus puissant royaume de l'Allemagne de cette époque.
Bonnet phrygien : bonnet de tissu rouge porté par les révolutionnaires en souvenir des esclaves affranchis de l'Antiquité.

Le Quiz !
DES INCOLLABLES

Es-tu prêt pour un petit test malin ?
De quoi te faire devenir incollable
sur le sujet, et piéger tes amis et tes parents.

1 Vrai ou faux ? Louis XVI était le fils de Louis XV.

2 Quel nom portait le premier billet de banque ?
- l'assistance
- le bougnat
- l'assignat

3 En quelle année a eu lieu la fête de la Fédération ?

4 Quel était le régime politique de la France en 1789 ?

5 Comment appelait-on les personnes qui composaient la Convention pendant la Révolution ?

6 Quel découpage administratif a remplacé les provinces françaises en 1789 ?

7 Quel était le nom donné aux Français qui quittaient la France car ils refusaient la Révolution ?
- les exclus
- les émigrés
- les expatriés

8 Pour quelle raison les sans-culottes portaient-ils ce nom ?

9 Quels noms portaient les trois ordres qui représentaient les Français ?

10 Où les députés du tiers état ont-ils juré de donner une Constitution à la France ?

11 Comment surnommait-on les paysans vendéens opposés à la Révolution ?

12 Quel palais de Paris a été envahi deux fois par les parisiens en 1792 dans le but d'arrêter Louis XVI ?

13 Quel nom porte la rumeur qui circulait en France après la prise de la Bastille ?
- la Grande peur
- la Grande vadrouille
- la Grande marche

14 Quelle bataille célèbre est la première victoire de la France sur ses ennemis en 1792 ?

15 À quelle date la prise de la Bastille a-t-elle eu lieu ?

La Grande peur

L'Assemblée résistant au représentant du roi
(23 juin 1789)

La prise de la Bastille
(14 juillet 1789)

L'abolition des privilèges
(4 août 1789)

Un chouan

Un sans-culotte

Mirabeau

L'emblème des Vendéens

La cour

Le bonnet phrygien

La fuite du roi à Varennes
(21 juin 1791)

Un député de la noblesse

Le drapeau français

Louis XVI en habit de sacre

Le système monarchique

Un député du clergé

Les conquêtes françaises

Napoléon Premier consul
(après le coup d'État du 18 brumaire)

La prise de la flotte hollandaise
(30 janvier 1795)

Danton

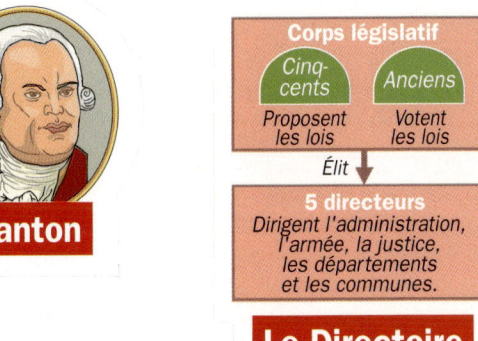
Le Directoire

Le roi guillotinné
(21 janvier 1793)

Les soulèvements contre-révolutionnaires

La fête de la Fédération
(14 juillet 1790)

La victoire de Valmy
(20 septembre 1792)

16 Si le bleu et le rouge de notre drapeau sont les couleurs de Paris, que symbolise le blanc ?

17 Quelle décision les députés ont-ils prise la nuit du 4 août 1789 ?

18 Quel texte précisant les droits et devoirs des Français fut voté le 26 août 1789 par les députés ?

19 Qui étaient les principaux opposants des Girondins ?
- les Jacobins
- les Cordeliers
- le Marais

20 Où le roi, qui tentait de fuir la France, a-t-il été arrêté le 21 juin 1791 ?

21 À quelle puissance la France déclare-t-elle la guerre en avril 1792 ?
- l'Autriche
- l'Allemagne
- l'Italie

22 Quel nom portait l'ensemble de la noblesse qui vivait près du roi ?

23 Quel nom a été donné à la période d'arrestations et de mises à mort massives pendant la Révolution ?

24 Comment appelait-on les cahiers dans lesquels les Français écrivaient leurs revendications ?

25 Quel nom donnait-on aux jeunes gens riches pendant le Directoire ?
- les impatients et merveilleuses
- les incroyables et merveilleuses
- les incroyables mais vraies

26 Comment Louis XVI est-il mort ?

27 Quel général fait un coup d'État le 18 brumaire an VIII (9 novembre 1799) ?

28 Qu'ont proclamé les députés de la Convention le lendemain de la victoire de Valmy ?

29 Qui était la femme de Louis XVI ?

30 Comment appelle-t-on le bonnet des sans-culottes ?
- le bonnet phrygien
- le tricorne
- le bonnet républicain

Le Quiz ! des incollables

Réponses

1. Faux, son petit-fils.
2. L'assignat.
3. 1790.
4. Une monarchie absolue.
5. Les députés.
6. Les départements.
7. Les émigrés.
8. Ils portaient un pantalon et pas de culottes comme les nobles.
9. Le clergé, la noblesse et le tiers état.
10. Dans la salle du Jeu de paume, à Versailles.
11. Les chouans.
12. Les Tuileries.
13. La Grande peur.
14. La bataille de Valmy.
15. Le 14 juillet 1789.
16. La couleur du roi.
17. L'abolition des privilèges.
18. La Déclaration des droits de l'homme et du citoyen.
19. Les Jacobins.
20. À Varennes.
21. L'Autriche.
22. La cour.
23. La Terreur.
24. Les cahiers de doléances.
25. Les incroyables et merveilleuses.
26. Décapité par une guillotine (ou guillotiné).
27. Bonaparte.
28. La République.
29. Marie-Antoinette d'Autriche.
30. Le bonnet phrygien.

Alors, quel est ton score ?

De 0 à 10 bonnes réponses :
Tu peux certainement mieux faire…

De 11 à 20 bonnes réponses :
C'est un bon début, mais tu peux encore progresser…

De 21 à 30 bonnes réponses :
C'est bien, surtout si tu as les 30 bonnes réponses…

À retenir

① Louis XVI est arrêté et emprisonné au donjon du Temple en août 1792.

② Il est jugé par les députés de la Convention qui sont choqués qu'il ait encouragé l'invasion de la France.

③ Finalement, les députés votent sa condamnation à mort.

④ Le 21 janvier 1793, Louis XVI est guillotiné.

⑤ La reine sera aussi guillotinée en octobre, le dauphin Louis XVII mourra en prison deux ans plus tard.

La mort de Louis XVI

Le procès

Les **députés de la Convention** décident de juger Louis XVI. Ils ont découvert aux Tuileries des lettres qui prouvent que **le roi encourageait l'invasion de la France par l'Autriche et la Prusse pour mettre fin à la Révolution**. Après un mois de procès, les députés votent à une très **courte majorité** la **condamnation à mort du roi**.

21 janvier 1793

Le président de la Convention

Louis XVI entouré de ses deux avocats

Un témoin

L'accusateur public

Deux greffiers

L'exécution

Louis XVI est guillotiné le 21 janvier 1793 sur la place de la Révolution, l'actuelle place de la Concorde à Paris. Après le roi, la **reine Marie-Antoinette** sera décapitée en octobre 1793, le **dauphin Louis XVII mourra en prison deux ans plus tard**.

La guillotine

Cette machine à décapiter a été **perfectionnée par le docteur Guillotin**, pour que l'exécution soit la plus rapide possible.

Convention : nom de l'Assemblée nationale de 1792 à 1795.
Procès : jugement par un tribunal.
Majorité : le plus grand nombre de voix.
Exécution : mise à mort.
Décapiter : couper la tête.

À retenir

① En mars 1793, la Convention décrète la « levée en masse » : 300 000 Français doivent devenir soldats.

② Les paysans vendéens refusent d'obéir et se révoltent.

③ Après plusieurs succès, ils sont battus en décembre 1793.

④ Mais la guérilla des chouans continue dans l'ouest de la France.

⑤ Beaucoup de villes se révoltent contre la dictature de la Convention.

La contre-révolution

La France, en guerre contre presque tous les pays d'Europe, a besoin de nouveaux soldats. Le 10 mars 1793, la Convention décide une « levée en masse » : 300 000 Français sont obligés de rejoindre l'armée. Beaucoup sont mécontents et se révoltent un peu partout dans le pays. À la fin de l'année 1793, presque tous ces soulèvements sont écrasés.

Un chouan et son insigne

Les chouans

Les paysans de Vendée soutiennent le roi et **ne veulent pas devenir soldats**. Ils **se révoltent** et prennent plusieurs villes. Ils sont aidés par les prêtres réfractaires et les nobles. Les Vendéens sont commandés par des « généraux » comme **Cathelineau, d'Elbée, La Roche-Jacquelin**. Jusqu'à l'été 1793, ils remportent victoire sur victoire.

Un chef fédéraliste

Les fédéralistes

Ce sont des **républicains** qui **refusent la dictature des Montagnards** parisiens. Ils veulent revenir à la « Fédération » des **débuts de la Révolution**, quand tous les **départements** étaient égaux et avaient **beaucoup de pouvoirs**. Ils **se révoltent** après la chute des Girondins dans les grandes villes du Midi et en Normandie.

Guérilla : guerre d'embuscades permanentes, sans grandes batailles.
Chouans : paysans vendéens révoltés contre la « levée en masse ».
Montagnards : partisans d'une république autoritaire, opposants des Girondins.
Girondins : députés qui ont gouverné la France de mars 1792 à juin 1793.
Fédéralistes : partisans d'un système dans lequel les départements sont très autonomes.
Répression : quand on arrête une révolte par la violence.

La répression

À l'été 1793, la **Convention** envoie l'armée contre les **Vendéens**. Ils sont battus à Cholet en octobre et au Mans en décembre. Une **répression féroce** (massacres, incendies, exécutions) commence mais la guérilla des chouans continuera dans tout l'Ouest jusqu'à Napoléon.

Les chouans capturés sont exécutés à la sortie du tribunal

À retenir

1 Le peuple de Paris, qu'on appelle les sans-culottes, trouve que le pouvoir n'est pas assez sévère avec les opposants.

2 Le 2 juin 1793, les sans-culottes renversent les Girondins et installent les Montagnards. Le Comité de salut public prend tous les pouvoirs.

3 En septembre, la Convention décrète la Terreur. La loi des suspects permet d'arrêter les opposants.

4 Robespierre dirige la France d'une main de fer. Ses ennemis comme les Girondins ou Danton sont exécutés.

La Terreur

Trouvant que le pouvoir n'est pas assez sévère avec les opposants, les sans-culottes se révoltent. Les Montagnards prennent le pouvoir aux Girondins et instaurent la dictature du Comité de salut public. C'est le début de la Terreur.

Le Comité de salut public

Ses **9 membres**, élus par les députés de la Convention, **dirigent le pays sans partage**, autour de Robespierre. Ils font exécuter leurs ordres dans les départements et dans les armées par des **représentants en mission, sans pitié**.

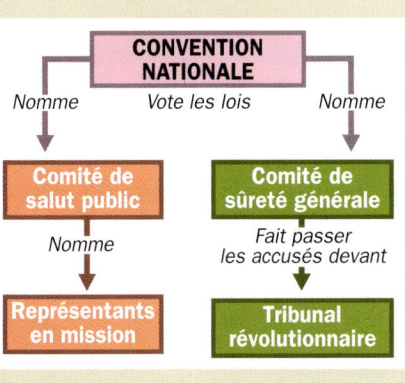

La loi des suspects

Elle est votée en **septembre 1793 par** les députés : tous ceux qui sont soupçonnés peuvent être arrêtés à tout moment et exécutés.

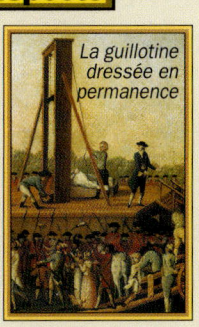

La guillotine dressée en permanence

Un drapeau bleu, blanc, rouge (à l'époque, les 3 couleurs sont placées horizontalement).

Un bonnet phrygien avec la **cocarde tricolore**.

Un pantalon bleu, blanc, rouge.

Des sabots pour bien montrer leur origine populaire.

Les sans-culottes

Ce sont des **artisans** et des **petits commerçants parisiens** qui imposent leurs volontés aux députés en 1793 et 1794. Ils **portent des pantalons** plutôt que la «**culotte**», le pantalon court des nobles.

Danton

C'est le **chef des Montagnards** depuis 1792. Bon vivant, **corrompu,** tout l'oppose à Robespierre. En 1794, il **prend la tête des «indulgents»** qui réclament la fin de la Terreur. Il est arrêté et exécuté.

Robespierre

Avocat et député, il est surnommé l'«**incorruptible**». Il **entre au Comité de salut public en juillet 1793** et impose des mesures extrêmes pour lutter contre les ennemis de la Convention.

Opposant : qui s'oppose au pouvoir.
Montagnard : surnom des partisans d'une république autoritaire.
Corrompu : qui se laisse acheter.
Suspect : personne soupçonnée.
Incorruptible : qui ne peut pas être influencé en échange d'argent.

À retenir

❶ La Terreur est insupportable : le 27 juillet 1794 (9 thermidor), Robespierre est chassé du pouvoir et guillotiné le lendemain.

❷ En 1795, un nouveau régime est institué : un Directoire de 5 membres dirige la France.

❸ Le Directoire lutte à la fois contre les Jacobins et contre les royalistes qui sont de nouveau populaires.

❹ Les gens riches au pouvoir organisent de grandes fêtes, la mode est **excentrique.**

❺ Mais la France est confrontée à une grave crise économique et les pauvres meurent de faim.

Le Directoire

Le nouveau système politique

Robespierre blessé à la Convention

Le 9 thermidor

Le 27 juillet 1794 (9 thermidor de l'an II selon le **nouveau calendrier républicain**), la Convention chasse Robespierre car **la Terreur est insupportable.** C'est **le retour des modérés au pouvoir.**

Le Directoire

En 1795, une **nouvelle Constitution** est adoptée. Elle **revient au suffrage censitaire** et institue un **gouvernement de 5 membres** qui dirige le pays et lutte à la fois **contre les royalistes,** de nouveau populaires, et les derniers Jacobins.

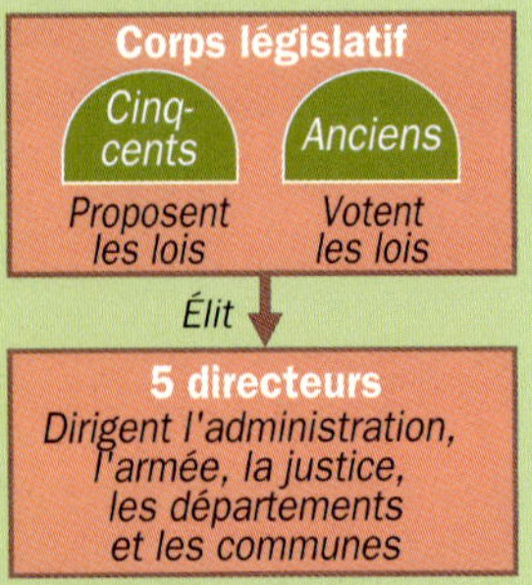

Corps législatif
- **Cinq-cents** Proposent les lois
- **Anciens** Votent les lois

Élit

5 directeurs
Dirigent l'administration, l'armée, la justice, les départements et les communes

Excentrique : qui sort de l'ordinaire, qui n'a pas peur du ridicule.
Calendrier républicain : nouveau calendrier officiel en France de 1793 à 1803 (le 22 septembre 1792 est le 1er vendémiaire an I).
Suffrage censitaire : quand seuls les gens riches peuvent voter.

- **Longs cheveux** pour narguer la guillotine.
- **2 ou 3 cravates** l'une sur l'autre.
- **Gourdin** pour «chasser les Jacobins».
- **Culotte** et **bas de soie** comme sous l'**Ancien Régime.**

La société française

- Gigantesque **chapeau à bride.**
- **Taille haute.**
- **Robes** transparentes.
- **Diamants** aux doigts de pied.

Les riches Parisiens

Beaucoup de gens ont profité de la Révolution pour s'enrichir. Après les tensions de la Terreur, ils s'amusent et organisent de grandes fêtes. Les jeunes gens riches sont surnommés les «incroyables» et les «merveilleuses» à cause de leurs **habits excentriques.**

Beaucoup de pauvres

Pendant que les riches s'amusent à **Paris, beaucoup de régions vivent dans la misère.** La guerre tue beaucoup de gens, l'assignat ne vaut plus rien, toute l'économie est désorganisée.

Des pauvres se disputent un bol de soupe

À retenir

1 Les révolutionnaires veulent étendre l'influence de la République à toute l'Europe.

2 Le Comité de salut public nomme des généraux jeunes et audacieux.

3 En guerre contre toute l'Europe, la France conquiert de nouveaux territoires et bat les armées ennemies.

4 Les Pays-Bas autrichiens et les États allemands de la rive gauche du Rhin sont annexés.

5 La Hollande et la Suisse deviennent des États soumis à la France. D'autres territoires (Avignon, la Savoie, Nice) deviennent français.

La France à la conquête de l'Europe

Une armée moderne
En obligeant les jeunes Français à devenir soldats, la République a l'armée la plus importante, qui se bat pour **libérer l'Europe**.

Les généraux n'ont pas peur d'**utiliser de nouvelles techniques comme les ballons captifs** qui permettent d'observer ce que prépare l'ennemi, ici Jourdan à la **bataille de Fleurus** en 1794.

Ils modifient également **les règles de la guerre**. Ainsi, en 1795, les hommes **du général Pichegru s'empareront à cheval des bateaux hollandais pris par les glaces**.

Les grandes conquêtes

Hoche
En **1795**, ce général de 27 ans **repousse un débarquement d'émigrés français aidés par les Anglais à Quiberon**, au sud de la Bretagne.

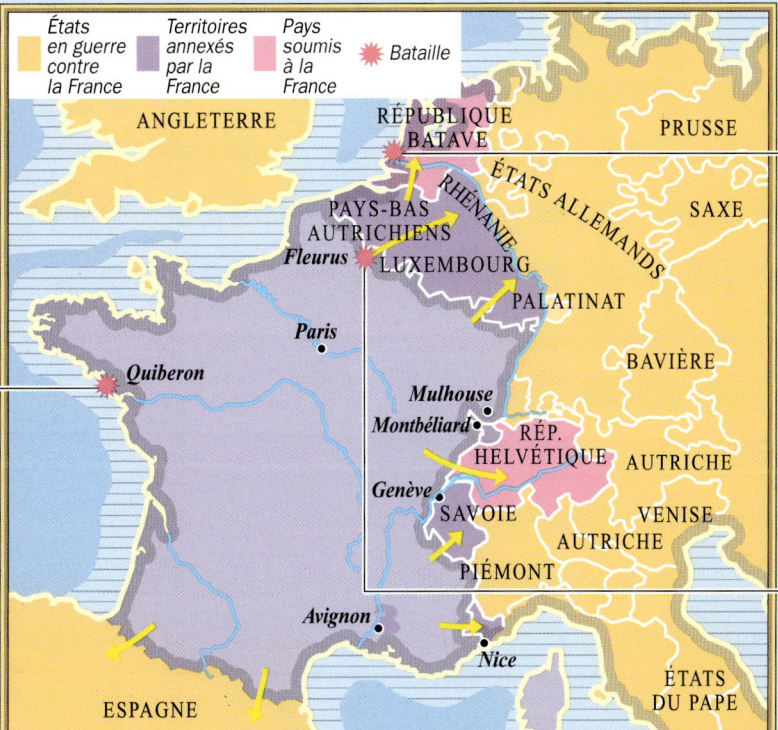

Pichegru
En 1795, ce général de 34 ans **s'empare de la Hollande**. La Hollande devient la **République batave**.

Jourdan
En 1794 et 1795, ce général de 32 ans **conquiert les Pays-Bas autrichiens** (la Belgique et le Luxembourg) et les **États allemands sur la rive gauche du Rhin**.

Les autres conquêtes
Dès 1791, **la région d'Avignon**, qui appartenait au **pape**, est **annexée** par la France.
Entre 1792 et 1796, c'est au tour de **la Savoie et de Nice** qui appartenaient au roi de Piémont-Sardaigne. En 1798, la **France envahit la Suisse** et crée une **République helvétique**. Genève, Mulhouse et Montbéliard sont annexées.

Ballon captif : ballon d'observation relié au sol par des câbles.
Pape : chef de l'Église catholique.
Annexer : rattacher un territoire à un pays.

À retenir

❶ Napoléon Bonaparte, un capitaine d'<mark>artillerie</mark>, se fait remarquer au siège de Toulon en 1793.

❷ Il sauve le Directoire en 1795 en réprimant durement une manifestation royaliste.

❸ En 1796 et 1797, il conquiert le nord de l'Italie et fait la paix avec l'Autriche.

❹ En 1798, il part conquérir l'Égypte mais l'expédition est un échec.

❺ En 1799, le <mark>coup d'État</mark> du 18 brumaire en fait le chef de la France. Cet événement met fin à la Révolution.

Bonaparte

1793 : le général Bonaparte

En août 1793, les **habitants de Toulon se révoltent** et appellent les Anglais à l'aide. L'armée républicaine met le siège devant la ville.
Grâce à l'action d'un capitaine d'<mark>artillerie</mark> corse, la ville se rend en décembre.
Napoléon Bonaparte est nommé général.

1795 : le sauveur de la république

Après des **élections truquées, les royalistes manifestent et prennent la moitié de Paris.** Appelé à l'aide par Barras, l'un des 5 directeurs, **Bonaparte fait tirer au canon contre les royalistes** réfugiés sur les marches de l'église Saint-Roch.
Il a sauvé la république et obtient le commandement d'une armée.

1796-1797 : la campagne d'Italie

En un an, de mars 1796 à avril 1797, **Bonaparte conquiert tout le nord de l'Italie**, bat les Piémontais puis les Autrichiens et bouleverse les frontières : **le Piémont est occupé**, deux Républiques (cisalpine et ligurienne) sont créées, Venise est donnée aux Autrichiens qui **signent la paix.**

1798 : l'expédition d'Égypte

En mai 1798, il **part avec une armée pour l'Égypte** car il veut empêcher les Anglais d'aller en Inde. Après quelques succès, l'expédition se retrouve bloquée car la <mark>flotte</mark> est détruite par les Anglais à Aboukir.
Bonaparte abandonne ses soldats pour rejoindre Paris.

Soldats de Bonaparte en Égypte

1799 : la fin de la Révolution

Bonaparte profite d'une dispute entre les gens au pouvoir pour **faire un <mark>coup d'État</mark>.** Les **18 et 19 brumaire** (9 et 10 novembre 1799), il fait **expulser les députés du Conseil des Cinq-Cents par ses soldats.** C'est la **fin du Directoire remplacé par le Consulat** (trois consuls dirigent la France, le Premier consul est Napoléon Bonaparte).
La Révolution est terminée.

<mark>Artillerie</mark> : partie de l'armée qui s'occupe des canons.
<mark>Coup d'état</mark> : quand des gens chassent par la force ceux qui sont au pouvoir sans faire d'élections.
<mark>Flotte</mark> : groupe de bateaux.

20

À retenir

❶ L'égalité devant la loi est le principe de base de notre système politique.

❷ Le système métrique a permis de simplifier et d'unifier les mesures.

Il s'est répandu dans le monde entier.

❸ Le drapeau tricolore est le drapeau de la France depuis 1830.

❹ *La Marseillaise* est devenue notre **hymne national** depuis 1879.

❺ Le mariage civil et le divorce sont aussi des innovations de la Révolution.

L'héritage de la Révolution

Le système métrique

Avant 1795, chaque province avait ses mesures. Un **système unique de mesures** est proposé aux députés par les **savants. Mètre, gramme, litre,** le nouveau système est **décimal** et **simple** : il vise à faciliter le commerce.
Il sera peu à peu **adopté dans le monde entier.**

La Marseillaise

Composé au début de la guerre à Strasbourg par un capitaine, **Rouget de Lisle,** ce chant devient *La Marseillaise* quand il est repris par les soldats marseillais qui entrent dans Paris en juillet 1792.
Il sera l'**hymne national** de la France en 1879.

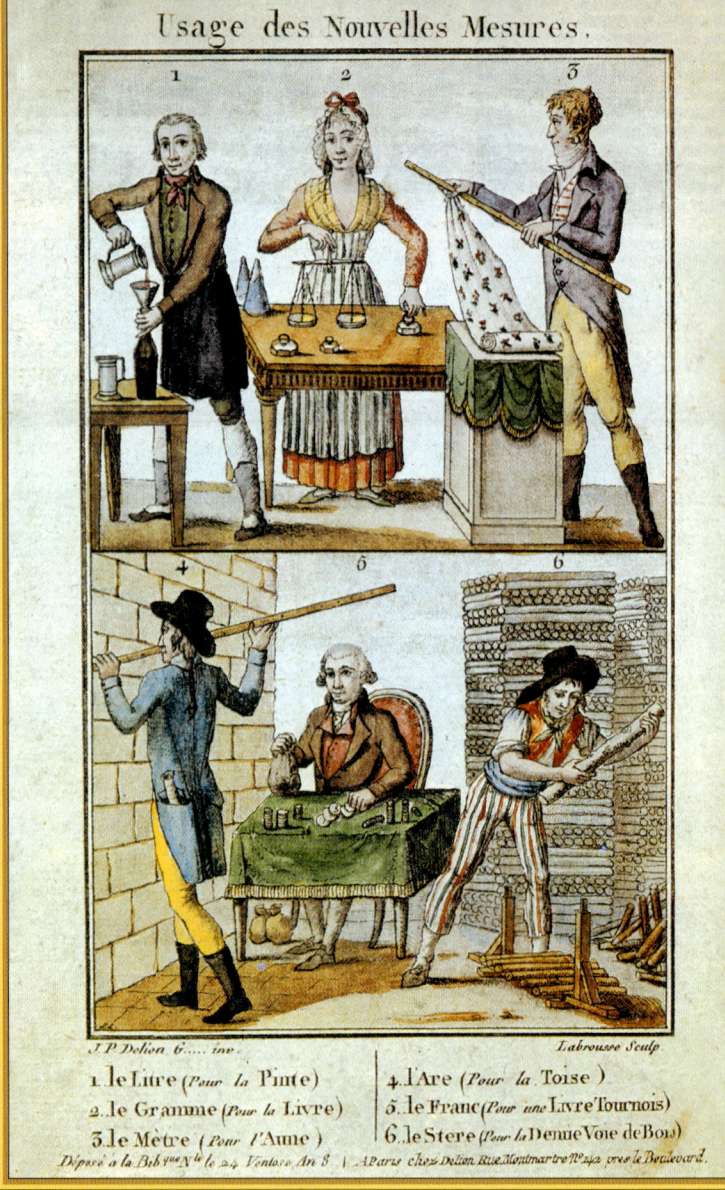

Le drapeau bleu, blanc, rouge

Créé à l'été 1789, il est composé des **couleurs de Paris** (bleu et rouge) et de la couleur du **roi** (blanc). Ce drapeau tricolore, **dont les bandes étaient à l'origine horizontales,** est devenu celui de notre pays, avec des **bandes verticales,** en 1830.
Il a servi de modèle à de nombreux autres drapeaux comme celui de l'Italie.

L'égalité devant la loi

Depuis la nuit du 4 août 1789, les Français ont théoriquement **tous les mêmes droits et devoirs.** Mais tous **ne peuvent pas voter** et les **femmes** ont beaucoup moins de droits que les hommes.

Le mariage civil

Depuis 1792, **les Français ne sont plus obligés de se marier à l'église. Le mariage légal** (civil) a lieu à la **mairie. L'état civil** est désormais tenu par les maires. Le **divorce est aussi autorisé.**

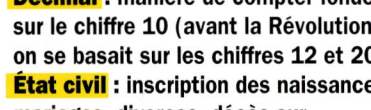

Hymne national : chant d'un pays joué lors des cérémonies officielles.
Décimal : manière de compter fondée sur le chiffre 10 (avant la Révolution, on se basait sur les chiffres 12 et 20).
État civil : inscription des naissances, mariages, divorces, décès sur des registres officiels.

Un jeu Ravensburger & Play Bac

Parents, votre opinion nous intéresse !

Si vous faites partie des 100 premières réponses, vous recevrez **en cadeau Les Docs des Incollables** de votre choix.

Vous avez découvert Les Docs des Incollables pour la première fois :
- ❏ En magasin
- ❏ Par votre enfant qui les a vus à l'école
- ❏ Par les médias en général
- ❏ Par des amis, la famille
- ❏ Via *Mon Quotidien* ou *Le Petit Quotidien*
- ❏ Autre : ....

Quel(s) autre(s) titre(s) de cette collection possédez-vous ?
- ❏ Les chevaux
- ❏ La géographie de la France
- ❏ La conquête de l'Espace
- ❏ La Grèce antique
- ❏ Le corps humain
- ❏ Le Moyen Âge
- ❏ Les dauphins et baleines
- ❏ Les premiers hommes
- ❏ Le débarquement
- ❏ Les planètes
- ❏ Les dinosaures
- ❏ Le président de la République
- ❏ L'énergie
- ❏ La protection de l'environnement
- ❏ L'Égypte
- ❏ La 1re guerre mondiale
- ❏ L'Empire romain
- ❏ La 2nde guerre mondiale
- ❏ L'Europe et l'Euro
- ❏ Les rois de France
- ❏ La Gaule et les Gaulois
- ❏ La révolution française
- ❏ La génétique
- ❏ Aucun, c'est le premier que vous achetez

Le titre dont est issu ce questionnaire :
- ❏ Vous l'avez acheté à votre enfant
- ❏ Votre enfant l'a reçu en cadeau
- ❏ Votre enfant l'a acheté

À quel enfant ce titre est-il destiné :
Son année de naissance : ....   Son sexe : ❏ garçon   ❏ fille

Votre enfant s'est intéressé à ce documentaire :
- ❏ Pas du tout
- ❏ Beaucoup
- ❏ Un peu
- ❏ Énormément

L'a-t-il emporté à l'école ?   ❏ Oui   ❏ Non

À quelle occasion avez-vous acheté ce titre : (plusieurs réponses possibles)
- ❏ Pour approfondir un thème scolaire
- ❏ Dans le cadre d'un exposé à faire à l'école
- ❏ Par intérêt de votre enfant pour le thème
- ❏ Sur demande de votre enfant
- ❏ Pour un cadeau
- ❏ Sans occasion particulière
- ❏ Autre : ....

Quel(s) autre(s) titre(s) achèteriez-vous probablement dans la collection ?
- ❏ Le football
- ❏ Les grandes inventions
- ❏ L'histoire de France
- ❏ L'Amérique
- ❏ Les Media et Internet
- ❏ La Renaissance
- ❏ L'Afrique
- ❏ La musique
- ❏ Le siècle des Lumières
- ❏ Les drapeaux
- ❏ Napoléon
- ❏ Les religions
- ❏ Les volcans
- ❏ Louis XIV et Versailles
- ❏ La naissance de la vie
- ❏ Les grands personnages de l'histoire de France
- ❏ Autres : ....

Qu'aimez-vous particulièrement dans cette collection ?
....

Quelles améliorations apporteriez-vous à cette collection ?
....

Pour vous, cette collection s'adresse à des enfants de : .... à .... ans.

Est-ce que vous possédez d'autres livres ou jeux à marque Incollables ?
❏ Oui   ❏ Non   Si oui, le(s)quel(s) : ....

Les **DOCS des INCOLLABLES** ont été conçus avec une équipe d'experts. Si toutefois vous constatiez une erreur ayant échappé à notre vigilance, merci de nous écrire à :
**Éditions Play Bac
33, rue du Petit-Musc 75004 Paris**

Cet ouvrage a été conçu et réalisé sous la direction de Play Bac. Nous tenons à remercier pour leur contribution : JSI, Amélie Blanquet, Claire Despine, Alain Pichlak, Laure Maj, Marjorie Seger, Roc Pré-Presse, Annie Le Breton, Jean-François Carémel.

Parents,
votre opinion nous intéresse !

Précisez ici le titre que vous aimeriez recevoir en cadeau* :

- ❏ Les chevaux
- ❏ L'Empire romain
- ❏ Les planètes
- ❏ La conquête de l'espace
- ❏ La Gaule et les Gaulois
- ❏ Les premiers hommes
- ❏ Le corps humain
- ❏ La Grèce antique
- ❏ Le président de la République
- ❏ Les dauphins et baleines
- ❏ La génétique
- ❏ La première Guerre mondiale
- ❏ Le débarquement
- ❏ La géographie de la France
- ❏ La protection de l'environnement
- ❏ Les dinosaures
- ❏ La météo et les climats
- ❏ Les rois de France
- ❏ L'Égypte
- ❏ Le Moyen Âge
- ❏ La seconde Guerre mondiale

NOM : .... PRÉNOM : ....
ADRESSE : ....
....
CODE POSTAL : .... VILLE : ....
Numéro de téléphone : ....
Courrier électronique : ....@..........................

Nombre d'enfants de moins de 16 ans dans la famille :
❏ 0 ❏ 1 ❏ 2 ❏ 3 ❏ 4 et plus

Précisez l'âge des enfants : ....

* pour les 100 premières réponses

En application de la loi informatique et liberté du 06/01/78, les informations ci-dessus sont facultatives et permettent à la société Play Bac de réaliser cette enquête. Vous pouvez vous opposer à tout échange ou cession de ces informations en cochant cette case ❏.

RÉVOLUTION FRANÇAISE

Affranchir au tarif LETTRE

ÉDITIONS PLAY BAC

33, rue du Petit-Musc

75004 PARIS